Ganchillo Navideño
Decora tu hogar
y regala creatividad

Francisca Herraiz

Título: Ganchillo navideño. Decora tu hogar y regala creatividad.

©2019, Francisca Herraiz

©De los textos e imágenes: Francisca Herrraiz

Portada: Francisca Herraiz

1ª edición

Registro propiedad: Safecreative 1911192512402

Distribuido por Amazon

A mis padres,

que adoraban la Navidad.

Índice

Gorro de Santa Claus

Este gorro se teje en puntos básicos, p.b. y p.a.

Con el p.b. cogido solo por la hebra de atrás logramos el punto elástico para el contorno de la cabeza.

Un gorro ideal para regalar o para vestirse con él en estas fechas. No hay nada más navideño.

Dificultad: ++

Materiales

Lana gruesa color blanco

Lana gruesa color rojo

Ganchillo del 4,5 o 5mm

Aguja lanera

Pompón color blanco

Abreviaturas y puntos utilizados

cad. cadeneta

p.b. punto bajo

p.e o p.d. punto enano o punto deslizado

p.a. punto alto

dism. disminución

aum. aumento

rep. repetir

Medidas estándar

Medidas estándar para gorros a crochet

Edad	Circunferencia cabeza	Circunferencia sugerida de gorro	Diámetro	Alto del gorro
Prematuro	34	32	10	9.5 a 10.5
Recién nacido	35 a 37	33 a 35	10.5 a 11	10.5 a 11.5
0 a 3 meses	37 a 41	35 a 39	11 a 12.5	11.5 a 15.5
3 a 6 meses	41 a 43.5	39 a 41.5	12.5 a 13	15.5 a 16.5
6 a 9 meses	43.5 a 45	41.5 a 43	13 a 13.5	16.5 a 17
9 a 12 meses	45 a 47	43 a 45	13.5 a 14	17 a 17.5
12 a 18 meses	47 a 48.5	45 a 46.5	14 a 14.5	17.5 a 18
18 a 24 meses	48.5 a 49.5	46.5 a 47.5	15	18 a 18.5
24 a 36 meses	49.5 a 50	47.5 a 48	16	18.5 a 19
3 a 4 años	50 a 50.5	48 a 48.5	16	19
5 a 6 años	51 a 52	49 a 50	15.5 a 16	19
7 a 8 años	52.5 a 53	50.5 a 51	16 a 16.5	20
9 a 10 años	53.5 a 54	51.5 a 52	16.5 a 17	20
Adolescentes (adulto pequeño)	55	53	17	20 a 22
Mujer (adulto mediano)	55 a 59	53 a 57	17 a 18	23
Hombre (adulto grande)	59 a 62	57 a 60	18 a 19	24

Todas las medidas se encuentran expresadas en centímetros (cm.)

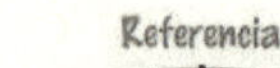

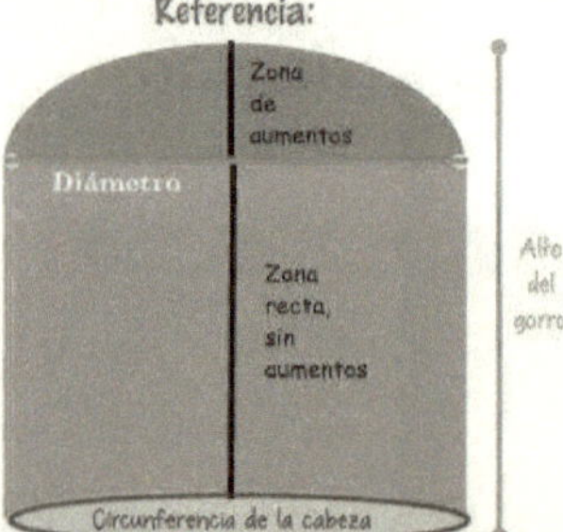

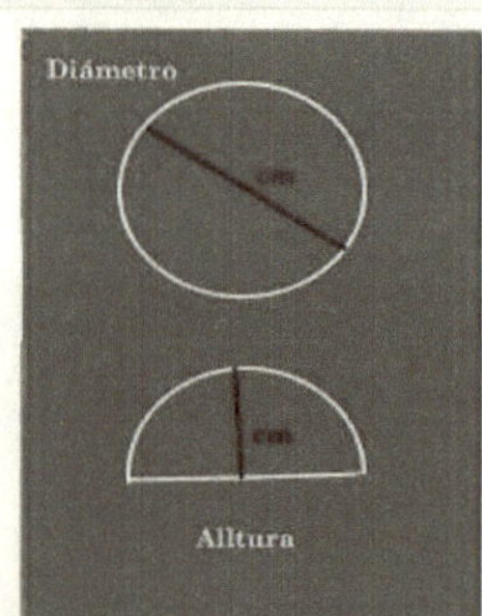

Baby Crochet

Consejo

Si puedes tomar la medida del contorno de cabeza a la persona que le quieres hacer el gorro, mejor. Si no es posible porque fuera un regalo sorpresa, por ejemplo, o un encargo y no tienes sus medidas, utiliza la tabla estándar que te dejo en el libro.

Para tomar las medidas coge la cinta métrica y rodea la cabeza de la persona que le tejerás el gorro. La cinta debe pasar por la frente hacia la mitad de las orejas y por detrás de la cabeza, justo al comienzo de la nuca.

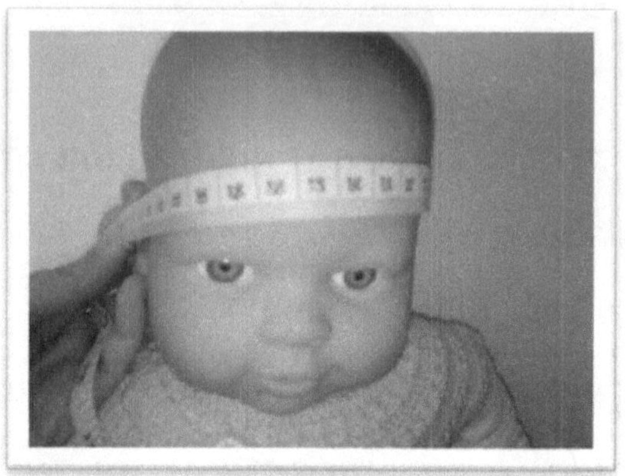

Por delante, rodeando la frente.

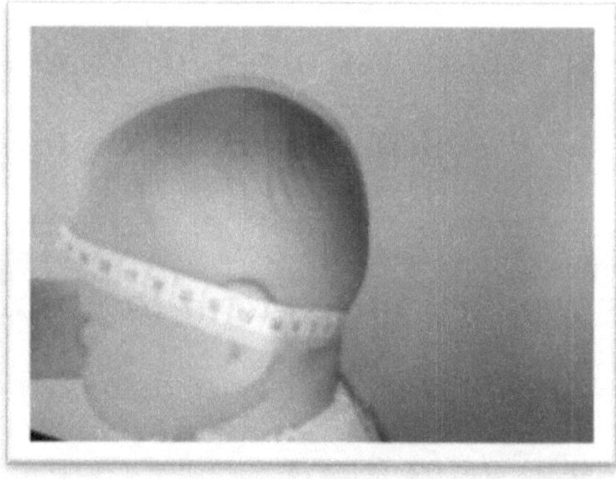

Por detrás, por la oreja y tras la nuca.

Realización

Empezaremos la labor con la lana blanca.

1.- Tejemos una cadeneta base con 21 cadenetas o las que necesitemos para alcanzar el grosor deseado.

Giramos la labor.

2.- En el mismo punto donde tenemos el ganchillo, cogeremos solo la hebra trasera del punto y tejeremos 1 p.b. Rep. en cada p.b. hasta el final de la vuelta.

En el último punto de cada vuelta cogeremos ambas hebras, es decir, el p.b. completo y lo tejeremos normal.

3.- 1 p.b. cogido solo por la hebra trasera en cada punto hasta el final. Seguiremos tejiendo de esta forma hasta llegar a la medida del contorno de la cabeza, unos 55 o 60 cm para un adulto. (Ver tabla de medidas para otras tallas).

4.- Una vez terminadas todas las vueltas hasta alcanzar la medida deseada, uniremos la primera fila, (la cadeneta base, donde comenzamos la labor), con la última fila tejida, donde tenemos el ganchillo. Unimos con 1 p.d. para formar un círculo, (contorno de la cabeza). Unidas las dos partes, coseremos recto hasta unirlas por completo. Para ello, cogeremos la hebra delantera de la parte donde tenemos el ganchillo y la hebra trasera de la primera fila que tejimos. Tejeremos 1 p.b. y rep. en cada punto hasta dar la vuelta entera. Tendremos un círculo elástico.

Una vez cerrado el círculo, tejeremos 1 p.b. todo alrededor cerrando con 1 p.d en el último punto. Cortamos el hilo.

Unimos el color rojo.

5.- Tejeremos 1 p.a. en cada p.b. hasta el final, donde cerraremos con p.d.

6.- Levantamos 3 cad. y realizamos 1 p.a. en cada p.a. de la vuelta anterior. Cerrar en la tercera cad. de inicio con 1 p.d.

7 a 10.- Rep. la vuelta 6.

11.- 3 cad. (1 dism. 8 p.a. 1 dism. 8 p.a.) rep. esta secuencia 5 veces más. Luego tejer 7 p.a. y cerrar con 1 p.d.

12.- 3 cad. 1 p.a. en cada punto hasta el final. Cerrar con p.d.

13.- 3 cad. (1 p.a. en los siguientes 4 puntos, 1 dism. 3 p.a.) rep. esta secuencia

5 veces más. Seguimos con 4 p.a. 1 dism. 2 p.a. y cerramos con p.d.

14.- 3 cad. 1 p.a. en cada punto hasta el final. Cerrar con p.d.

15.- 3 cad. (1 dism. 6 p.a. 1 dism.) rep. esta secuencia 5 veces más. Seguimos con 1 dism. 5 p.a. y cerramos con p.d.

16.- 3 cad. 1 p.a. en cada punto hasta el final. Cerrar con 1 p.d.

17.- 3 cad. (1 p.a en los siguientes 3 p.a. 1 dism.) rep. esta secuencia 5 veces más. Continuamos con 3 p.a. 1 dism. 1 p.a. cerramos con p.d.

18.- 3 cad. 1 p.a. en cada punto hasta el final. Cerramos con p.d.

19.- 3 cad. (1 p.a. en los siguientes 2 p.a. 1 p.a. en los siguientes 5 p.a.) rep. esta secuencia 5 veces más. Continuamos con 1 p.a. en los siguientes 3 p.a. Cerramos con 1 p.d.

20.- 3 cad. 1 p.a. en cada punto hasta el final. Cerramos con p.d.

21.- 3 cad. (1 p.a. 1 dism.) rep. esta secuencia 5 veces más. Continuamos con 2 p.a. 1 dism. Cerramos con p.d.

22.- 3 cad. 1 p.a. en cada punto hasta el final. Cerramos con p.d.

23.- 3 cad. (1 dism. 2 p.a.) rep. esta secuencia 5 veces. Continuamos con 1 dism. y cerramos con p.d.

24.- 3 cad. 1 p.a. en cada punto hasta el final. Cerramos con p.d.

25.- 3 cad. 1 dism 6 veces. Cerramos con p.d.

26.- 3 cad. 1 p.a. en cada punto hasta el final. Cerramos con p.d.

Cortamos el hilo dejando una hebra larga para coser. Enhebramos una aguja lanera con la hebra que hemos dejado larga y cerramos el hueco que nos ha quedado. Cortamos el hilo y escondemos los hilos.

Hacer un pompón de color blanco del tamaño deseado y cosemos al final del gorro.

Bufanda navideña

Esta bufanda se teje alternando el p.b. con el p.a. así como los colores principales, lo que le da la textura de pata de gallo, elegante y colorida. Ideal para estas fechas.

Dificultad: +

Materiales

Lana roja

Lana blanca

O bien

Lana verde

Lana roja

Aguja de ganchillo de 5 mm o acorde al grosor de la lana elegida.

Aguja lanera para esconder los hilos

2 pompones (opcional)

Abreviaturas y puntos utilizados

cad. cadeneta

p.b. punto bajo

p.a. punto alto

rep. repetir

Medidas aproximadas

Esta bufanda puedes realizarla con el largo y ancho que más te guste, no obstante, te dejo aquí las medidas que yo he utilizado.

Ancho: 16 cm

Largo: 180 cm.

Realización

Montar una cadeneta base en color verde (o color elegido) con 28 cad.

1.- 1 p.b. en la 2ª cad. contando desde el ganchillo. 1 p.b. en cada punto hasta el final.

Girar la labor.

2.- Sin cortar el hilo verde (ver consejo al final) cambiamos al color rojo (ver cómo hacer cambio de color al final del libro). Tejemos 1 cad. que no contará como el primer punto, 1 p.b. 1 p.a. en el siguiente punto, 1 p.b. en el siguiente, 1 p.a. 1 p.b 1 p.a 1 p.b. así iremos repitiendo la secuencia hasta el final.

Giramos la labor.

3.- Sin cortar el hilo rojo, cambiamos al verde, tejemos 1 cad. que no contará como un punto. Tejemos ahora al revés. Comenzamos con 1 p.a. tejido en el p.b. de la vuelta anterior, seguimos con 1 p.b.

sobre el p.a. de la vuelta anterior, así seguiremos, donde haya un p.b. tejeremos un p.a. y donde haya un p.b. tejeremos 1 p.a. Así seguiremos durante toda la fila hasta llegar al final.

Giramos la labor.

4.- Igual que la segunda vuelta, siguiendo la pauta de la tercera vuelta, es decir, donde encontremos un p.b. tejeremos 1 p.a. y viceversa.

Giramos la labor.

5.- Igual que la tercera vuelta.

Así iremos repitiendo las vueltas 2 y 3 hasta lograr el largo deseado.

Remataremos y dejaremos una hebra larga para unir el pompón al final de la bufanda, en ambos extremos.

Haremos 2 pompones en color blanco, del tamaño deseado, cosemos y cerramos.

Consejo para no cortar las hebras durante las vueltas

Al terminar la primera vuelta con el color elegido, estirar el hilo y dejarlo al final de la vuelta. Añadir el nuevo hilo y trabajar la siguiente vuelta llevando el hilo anterior a través de la vuelta que estemos realizando, igual que si escondiéramos la hebra que nos sobra al cambiar de color, pero con la diferencia que esta no la cortamos y seguimos escondiendo el hilo durante toda la vuelta, de un extremo al otro. Al llegar al final, cambiamos de color y repetimos en todas las vueltas.

Manoplas de Santa Claus

Este bonito proyecto se realiza con puntos bajos y punto elástico. Fácil y rápido de tejer, para ti o tu familia, pero recuerda tejer unos bien calentitos para Santa Claus.

Dificultad: +

Materiales

Lana gruesa color rojo

Lana gruesa color blanco

Ganchillo del 4,5 o 5 mm

Aguja lanera

Marcador de vueltas

Abreviaturas y puntos utilizados

p.d.   punto deslizado o punto raso

p.b.   punto bajo

p.a.   punto alto

dism. disminución

aum. aumento

rep. repetir

Medidas

Para realizar esta manopla podemos seguir el patrón para una talla grande (mano de hombre) o tomar las medidas de la mano a quien queremos tejerle la labor.

Ver imagen de medidas:

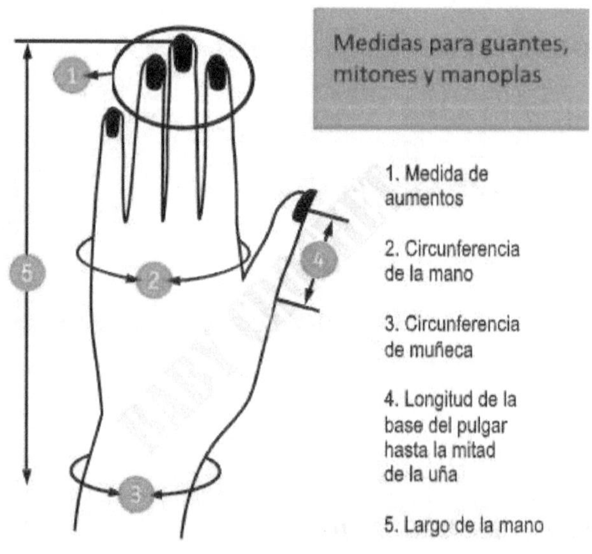

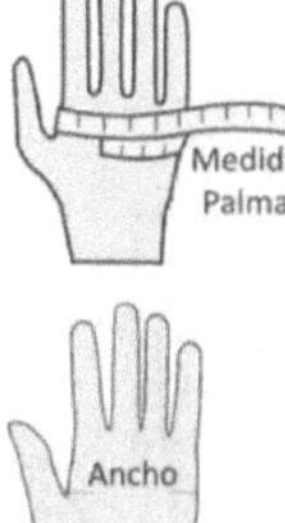

Cuadro medidas

Medida	Medida palma	Ancho
M	18-19CM	<8. 5CM
L	20-21CM	<9. 5CM
XL	22-23CM	<11CM
XXL	24-25CM	<12CM

Las vueltas de aumento al comienzo de la labor nos darán la medida deseada, a más vueltas de aumentos, mayor tamaño, a menos vueltas de aumento, menor tamaño.

Para una talla de mujer, o adolescente, podemos tejer 4 vueltas de aumentos.

Para saber la medida, las vueltas de aumento del comienzo deberán cubrir los tres dedos principales, índice, corazón y anular, hasta el primer pliegue, es decir, toda la yema de los dedos.

Ver imagen:

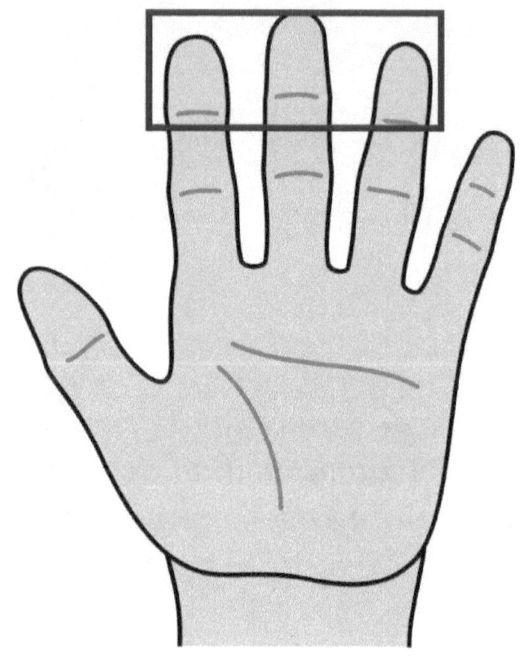

Así podremos saber cuántos aumentos realizar para un tamaño u otro.

Realización

Comenzaremos con un anillo mágico de 6 puntos.

1.- 1 aum. en cada punto. Cerrar con 1 p.d.

2.- 1 p.b. 1 aum. rep. hasta el final. Cerrar con 1 p.d.

En las siguientes vueltas ya no cerraremos con p.d. para no dejar una marca de costura en la manopla.

3.- 2 p.b. 1 aum. rep. hasta el final.

4.- 3 p.b. 1 aum. rep. hasta el final.

5.- 4 p.b. 1 aum. rep. hasta el final.

Si queremos una talla de mujer, aquí pararemos los aumentos. Para tallas más grandes continuamos con 1 aumento o 2, según nuestras preferencias o medidas.

6.- 5 p.b. 1 aum. rep. hasta el final.

Aquí dejamos de aumentar para una talla normal de hombre, si queremos una talla algo mayor realizaremos un aumento más con 6 p.b. y un aumento. Yo termino en la vuelta 6 los aumentos.

7 a 26.- Comenzamos las vueltas sin aumentos, en espiral, es decir, no levantaremos 1 cad al inicio de cada vuelta ni cerraremos las vueltas con p.d. Tejeremos sin aumentos durante 19 vueltas o las que necesitemos según medida. Usaremos marcador para no perder el comienzo de cada vuelta.

Para saber hasta dónde tejer vueltas sin aumentos, iremos tejiendo hasta llegar al pliegue del dedo pulgar. Ver imagen:

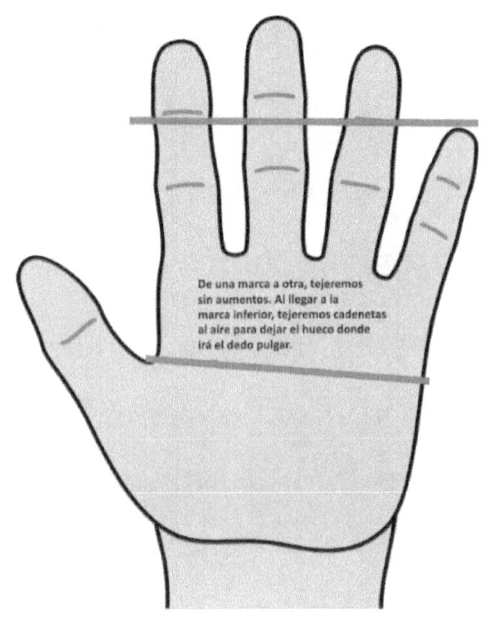

27.- Levantamos 10 o 12 cadenetas, también según la medida del dedo pulgar, y unimos con p.d. en el mismo punto donde hemos levantado las cadenetas.

28 a 30.- Seguimos tejiendo en espiral, sin aumentos, durante tres vueltas. Al llegar a las cadenetas, seguiremos tejiendo 1 p.b en cada punto de la cadeneta. Al final de la cadeneta, continuamos normalmente por toda la vuelta.

31.- Tejer una vuelta de disminuciones. 3 p.b. 1 dism. rep. hasta el final.

32.- -Continuamos tejiendo sin aumentos ni disminuciones, en espiral, 1 p.b en cada punto tantas vueltas como necesitemos hasta llegar a la muñeca.

Si necesitamos tejer alguna vuelta más de disminuciones la haremos seguida a la primera, según queramos de ajustada la manopla.

Una vez lleguemos a la muñeca cortamos la lana roja y cambiamos a la blanca. Iremos escondiendo los hilos a medida que tejemos.

33.- Levantamos 3 cad. que contarán como el primer p.a. 1 p.a en cada p.b. hasta llegar al final. Cerramos con p.d. en la 3ª cad. de las tres cadenetas que levantamos al inicio de la vuelta.

34.- 3 cad. comenzamos con el punto elástico (p.a cogido por delante, p.a cogido por detrás) rep. en cada p.a de la vuelta anterior. Cerrar con p.d. en la 3ª cad.

Levantaremos en todas las vueltas 3 cadenetas y cerraremos todas las vueltas con p.d. en la 3ª cadeneta.

35.- 3 cad. Seguimos con el punto elástico fijándonos en donde tengamos el punto cogido por delante o por detrás. Donde tengamos el p.a. cogido por delante, tejeremos 1 p.a. cogido por delante. Donde tengamos un p.a. cogido por detrás, tejeremos 1 p.a. cogido por detrás. Rep. hasta el final. Cerrar con p.d.

Seguiremos tejiendo la vuelta 35 hasta lograr el largo deseado. Una vez terminado, cortamos el hilo y escondemos la hebra.

Confección del dedo pulgar

Con lana roja

Unimos la lana roja al hueco que hemos dejado para el dedo pulgar, donde formamos las cadenetas y las unimos con p.d. en el mismo punto.

Tejeremos p.b en cada punto hasta el largo deseado, al llegar a la uña empezaremos las disminuciones. 2 p.b. 1 dism. hasta cerrar el hueco. Dejaremos una hebra larga para cerrar por completo el hueco y esconderemos el hilo.

Calcetines para el árbol o la chimenea

Estos calcetines se tejen con punto alto. Son sencillos y rápidos de hacer. Puedes confeccionar tantos como quieras y tejerlos del tamaño que más te guste; grandes para que cojan los regalos de Santa Claus, o pequeños, para colgar del árbol. Todo dependerá del grosor de la lana y de los aumentos. Comencemos, no sea que Santa Claus no los encuentre preparados cuando llegue con sus regalos.

Dificultad: +

Materiales

Lana roja

Lana verde

Lana blanca

Ganchillo del 4,5 o 5 mm (o del tamaño acorde al grosor de la lana elegida).

Aguja lanera.

Abreviaturas y puntos utilizados

p.a. punto alto

p.b. punto bajo

p.d. punto deslizado

cad. cadeneta

aum. aumento

rep. repetir

Confección

Comenzamos con un anillo mágico.

1.- 10 p.b. dentro del anillo.

2.- Subimos con 3 cad. no contarán como el primer p.a. 1 aum. en cada punto. Tendremos 20 p.a. Cerramos con p.d. en la 3ª cad. del primer punto alto, saltando las 3 cad.

3.- 3 cad. no cuentan como el primer p.a. 2 p.a. en el mismo punto donde subimos las 3 cad. 1 p.a. 1 aum. 1 p.a. 1 aum. rep. hasta el final. Cerramos con p.d. en la tercera cadeneta del primer punto alto, saltamos las 3 cad. del inicio.

En todas las vueltas levantaremos 3 cad. que no contarán como p.a. y cerraremos con p.d. saltando esas tres primeras cad. para cerrar en la tercera cadeneta del primer p.a.

4.- 3 cad. 2 p.a. en los siguientes dos p.a. 1 aum, 2 p.a. 1 aum. rep. hasta el final. Cerrar con p.d.

5.- 3 cad. 3 p.a. en los siguientes tres p.a. 1 aum. 3 p.a. 1 aum. rep. hasta el final. Cerrar con p.d.

6.- 3 cad. 4 p.a. 1 aum. 4 p.a. 1 aum. rep. hasta el final. Cerrar con p.d.

Repetir aumentos hasta el tamaño deseado, si la queremos más pequeña haremos menos aum.

Medidas aproximadas

Medida círculo de aum. diámetro: 15 cm

Medida suela de la bota: 19 cm

Medida largo de bota: Color rojo: 18 cm. Color verde: 16 cm. Color blanco: 7 cm. Tejido completo: 40 cm.

Vuelta 7.- *Ahora tejeremos sin aumentos. Levantamos 3 cad. 1 p.a. en cada p.a. hasta el final. Cerrar con p.d.*

Repetir la vuelta 7 seis veces, o 10 veces si lo queremos más grande.

8.- *Una vez tejidas todas las vueltas, doblamos por la mitad (ver fotografía)*

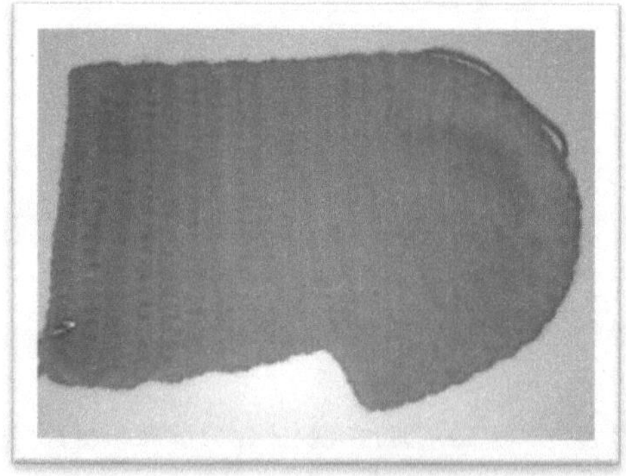

Y uniremos con p.b. los dos extremos del final (ver foto)

Cortamos el hilo y tejemos una fila de p.b. todo alrededor del hueco que nos ha quedado, donde dejamos los 10 puntos sin tejer, luego cambiamos al color verde. (Ver foto).

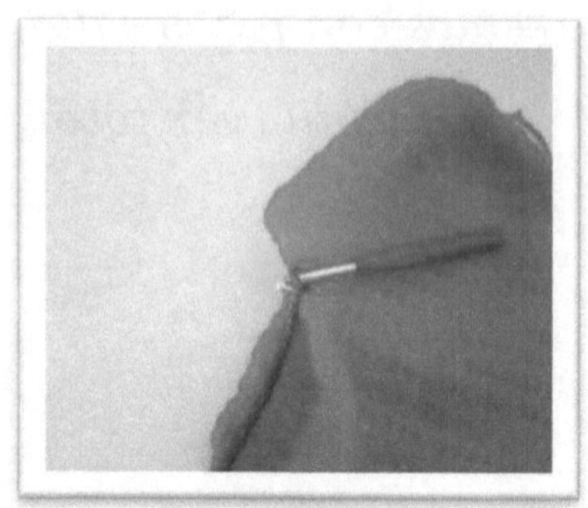

Tejemos p.a. en cada p.b. de la vuelta anterior y seguimos subiendo a p.a hasta alcanzar el largo deseado.

Cortamos la lana verde y unimos la blanca. Tejemos 6 vueltas de p.a. Cortamos la lana y escondemos las hebras.

Damos la vuelta al calcetín y doblamos la parte blanca por la mitad. Luego cosemos en una esquina un cordón para poder colgarlo y listo.

Corona navideña para la puerta

Ideal para adornar nuestra puerta, nuestras paredes, nuestro hogar, bonita, delicada, elegante y muy fácil de realizar. Animemos a toda la familia con esta preciosa corona tan navideña y disfrutemos mientras la tejemos.

Dificultad: +

Materiales

Lana verde con alguna decoración o bien Lana verde o roja, podemos combinar ambas.

Si no tenemos lana verde como la fotografía, podemos adquirir algún hilo dorado, tejer una cadeneta larga y rodear después la corona para darle color.

Un aro de poliespán o de cartón con el tamaño deseado.

Ganchillo del 4 o 5 mm (o del tamaño acorde al grosor de la lana elegida).

Aguja lanera.

Adornos (explicados también en este libro).

Abreviaturas y puntos utilizados

p.b. *punto alto*

p.b.e. *punto bajo especial (punto bajo con piquito, el piquito se realiza tejiendo 3 cadenetas antes de cerrar el p.b.)*

p.d. *punto deslizado*

cad. *cadeneta*

rep. *repetir*

Realización

Con lana verde o lana elegida.

Según el grosor de nuestro aro, tejeremos una cadeneta base que pueda rodear el aro con soltura.

Por ejemplo, pondremos que, en mi caso, tejí una cadeneta base de 14 cm.

Primera vuelta en p.b. Levantamos una cadeneta, giramos la labor.

Segunda vuelta, 1 p.b., 1 p.b.e. (recordemos, 1 p.b con piquito, 3 cadenetas antes de cerrar el p.b. después cerramos el p.b. normal) Ver fotografía:

Seguimos la vuelta con 1 p.b. 1 p.b.e con piquito y así hasta terminar la vuelta. Levantamos 1 cad. y giramos la labor.

En la siguiente vuelta tejeremos 2 p.b. 1 p.b.e. con piquito. Rep. hasta el final. Levantar una cad. y girar la labor.

Siguiente vuelta. 1 p.b 1 p.b.e con piquito. Ahora, donde tenemos 1 p.b tejeremos 1 p.b.e con piquito y donde tengamos 1 p.b.e con piquito tejeremos 1 p.b. Terminaremos la vuelta con 2 p.b. levantamos 1 cad. y giramos la labor.

Repetiremos esta última vuelta hasta alcanzar el tamaño de la circunferencia de nuestro aro. Debe rodear todo el aro. Una vez tengamos nuestro tamaño, ver fotografía:

Colocaremos en nuestro aro y coseremos por la parte posterior para ocultar la costura. Una vez cosido todo el lateral y el principio con el final nos quedará el aro cerrado, como vemos en la fotografía. Ahora podemos colocar los adornos, en mi caso, un lazo rojo y unas campanas doradas. Los patrones los encontraréis en este mismo libro.

Tejer una cadeneta para poder colgar la corona o colocarle un cordel y listo, nuestra corona está terminada.

Flor de Navidad

No puede faltar en ninguna casa, es el adorno navideño por excelencia, nos aporta color, bienestar y dicen que buena suerte. Todas las plantas en nuestro hogar son un beneficio para nuestra familia, depuran el aire y embellecen la estancia, pero esta flor, con sus colores vivos, le dan un toque especial a la navidad. No dejes de tener las tuyas propias, tanto naturales como hechas a ganchillo, estas últimas te durarán muchas navidades. Felices fiestas.

Dificultad: ++

Materiales

Lana roja

Lana verde

Lana amarilla o abalorios de color dorado

Ganchillo del número 3 o 3,5 mm o acorde al grosor de la lana elegida.

Abreviaturas y puntos utilizados

p.b. punto alto

p.p. punto piquito (3 cad. unidas en el mismo punto con p.d)

p.d. punto deslizado

p.a. punto alto

p.a.d. punto alto doble

cad. cadeneta

rep. *repetir*

Realización

Comenzamos con la lana roja.

Realizamos 5 cadenetas y cerramos con p.d en la primera cadeneta para formar un círculo. Trabajaremos ahora dentro del círculo.

Levantamos 3 cad. que contarán como primer p.a. tejemos 1 p.a. y lo separamos con 5 cad. Volvemos a realizar 2 p.a. separados por 5 cad. Rep. esta secuencia hasta tener 5 grupos de 2 p.a. separados por 5 cad.

Nos quedará algo así:

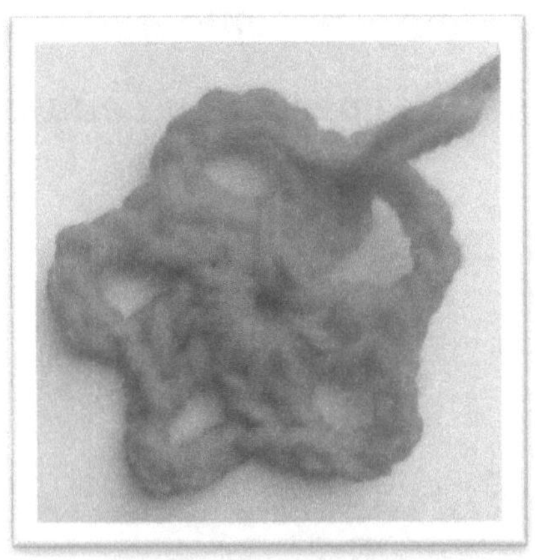

En la siguiente vuelta vamos a trabajar en el primer espacio de 5 cad. y hacemos todo en el mismo espacio, 1 p.b., 3 p.a., 2 p.a.d., levantamos 3 cad. y las unimos con p.d. en la primera cadeneta de las 3 que hemos hecho para formar un piquito. Seguimos con 2 p.a.d., 3 p.a., 1 p.b. y nos vamos al siguiente espacio de 5 cad.

Vamos a repetir lo mismo en los cinco espacios de 5 cad. Es decir, haremos 1 p.b. 3 p.a. 2 p.a.d con un piquito, otros 2 p.a.d. 3 p.a. y 1 p.b. todo en el mismo espacio.

Aquí podéis ver cómo queda el primer pétalo, que se repetirá en cada espacio de 5 cad.

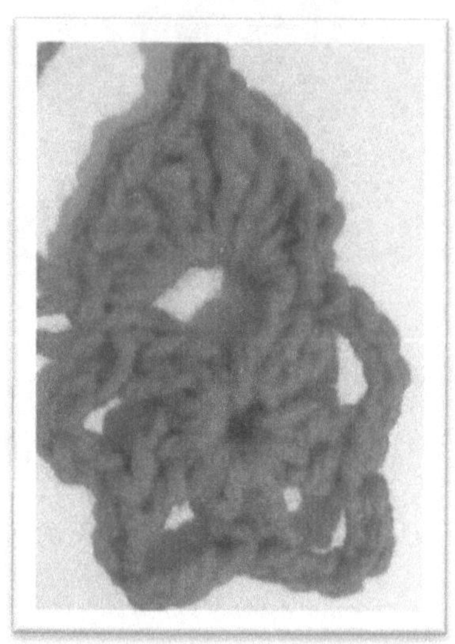

Una vez terminados los cinco pétalos vamos a doblar el primero hacia nosotros para acceder a la parte trasera del pétalo. Sin cerrar la vuelta anterior, vamos a ir deslizándonos por detrás del pétalo con p.d. hasta el centro del pétalo, que es donde hicimos el piquito. Los puntos deslizados los realizaremos pegados al aro del comienzo. Cuando lleguemos al centro del pétalo, pinchamos el ganchillo y pasamos por dentro del aro, cogiendo una hebra, la sacamos y hacemos 1 p.b. Ya situados y enganchado el hilo en el centro vamos a tejer 8 cad. al aire y las unimos con 1 p.b. en el centro del siguiente pétalo. Repetimos 8 cad. al aire y enganchamos el centro del siguiente pétalo, así lo haremos en los pétalos restante, terminando con 8 cad. al aire y uniéndolas con p.d. en las primeras cad. que hicimos en el primer pétalo.

Tendremos 5 espacios de 8 cad. que nos servirán para realizar los siguientes 5 pétalos.

Nos colocamos en el primer espacio de 8 cad. y hacemos 1 p.b. seguimos con 3 p.a. 4 p.a.d. luego hacemos 3 cad. y unimos en la primera con p.d. para hacer el piquito y continuamos con 4 p.a.d. 3 p.a. 1 p.b.

Nos vamos al siguiente espacio y hacemos 1 p.b. seguimos con 3 p.a. 4 p.a.d. 3 cad. para realizar el piquito 4 p.a.d. 3 p.a. 1 p.b.

Repetiremos esta secuencia en todos los espacios de 8 cad. para realizar los 5 pétalos traseros, que nos quedarán intercalados con los primeros.

Ahora repetiremos las cad. al aire de 8 puntos. Nos deslizamos por detrás del pétalo como hicimos antes, nos colocamos en el centro del pétalo y tejemos 1 p.b. levantamos 8 cad. al aire y nos vamos al centro del siguiente pétalo, donde hacemos otro p.b. y otras 8 cad. al aire. Rep. esta secuencia en todos los pétalos. Terminamos con 8 cad. y unimos con las primeras con p.d.

Cortamos la lana roja y unimos la de color verde, vamos a formar las hojas.

Trabajaremos igual que las veces anteriores, comenzamos en el primer espacio de 8 cad. y tejemos 1 p.b. seguimos con 3 p.a. 5 p.a.d. 3 cad. unidas con p.d. para el piquito, 5 p.a.d. 3 p.a. 1 p.b. y nos vamos al siguiente espacio donde haremos exactamente lo mismo. Lo repetiremos en los cinco espacios de 8 cad.

Ahora ya tenemos las hojas terminadas y vamos hacer el centro de la flor. Para ello cogeremos lana o hilo dorado o color amarillo. Unimos el nuevo color en el centro del anillo que hicimos al comienzo, en el espacio entre 2 p.a. Ahí mismo vamos a tejer 1 p.b. 4 cad. y, en el mismo espacio otro p.b. y otras 4 cad. Ahora nos vamos al siguiente espacio entre 2 p.a. y hacemos lo mismo, 1 p.b. 4

cad. 1 p.b. 4 cad. todo en el mismo espacio. Nos vamos al siguiente espacio entre 2 p.a. y hacemos lo mismo. Repetiremos en cada espacio entre 2 p.a. Cerramos con p.d. y ocultamos bien los hilos.

Podemos hacer varias flores y colocarlas en una maceta, o en un camino de mesa, o en un mantel, las opciones son varias, os lo dejo a vuestra creatividad.

Acebo de Navidad

Para decoración del árbol o la corona navideña, es un clásico de la Navidad y no puede faltar en ningún hogar. Fáciles de hacer y rápidos, así que puedes hacer tantos como quieras.

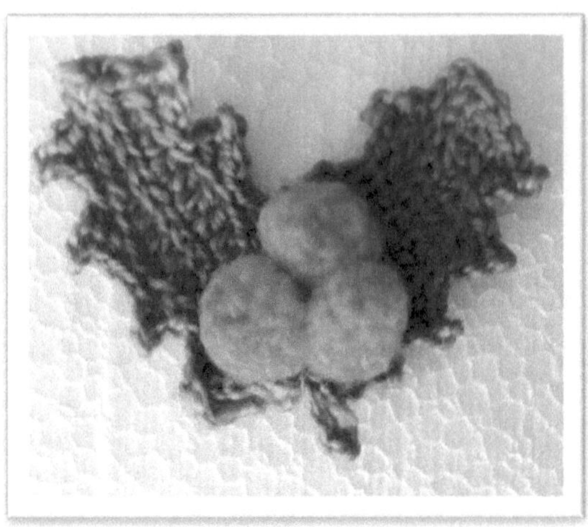

Dificultad: +

Materiales

Lana roja

Lana verde

Marcador de vueltas

Aguja e hilo para coser las piezas

Ganchillo del número 3 o 3,5 mm o acorde
al grosor de la lana elegida.

Abreviaturas y puntos utilizados

p.b. punto alto

p.d. punto deslizado

p.a. punto alto

p.m.a. punto medio alto

cad. cadeneta

rep. repetir

Realización

Comenzaremos por las hojas, tejeremos 2 hojas iguales.

Color verde.

Cadeneta base con 15 puntos. Saltamos la primera cad.

2 p.d. en las siguientes 2 cad.

2 p.b. en las siguientes 2 cad.

2 p.m.a en las siguientes 2 cad.

2 p.a. en las siguientes 2 cad.

2 p.m.a en las siguientes 2 cad.

2 p.b. en las siguientes 2 cad.

2 p.d. en las dos últimas cadenetas.

1 cad. para girar y continuar por el lado contrario de la cadeneta base.

Repetimos lo mismo que al principio.

2 p.d. en las siguientes 2 cad.

2 p.b. en las siguientes 2 cad.

2 p.m.a en las siguientes 2 cad.

2 p.a. en las siguientes 2 cad.

2 p.m.a en las siguientes 2 cad.

2 p.b. en las siguientes 2 cad.

2 p.d. en las dos últimas cadenetas.

De esta forma creamos la base de la hoja.

Ahora levantamos de nuevo 1 cad. y tejemos por el otro lado cogiendo solo la hebra trasera de los puntos.

2 p.d.

2 cad. 1 p.d. en la segunda cad. que hemos realizado, 1 p.b. en el mismo punto donde levantamos las 2 cad.

2 p.d.

2 cad. 1 p.d. en la segunda cad. que hemos realizado, 1 p.b. en el mismo punto donde levantamos las 2 cad.

Rep. esta secuencia hasta el final de la fila, terminando con 2 p.d. Tendremos 4 picos en la hoja.

1 cad. y rep. lo mismo en el otro lado.

2 p.d.

2 cad. 1 p.d. en la segunda cad. que hemos realizado, 1 p.b. en el mismo punto donde levantamos las 2 cad.

2 p.d.

2 cad. 1 p.d. en la segunda cad. que hemos realizado, 1 p.b. en el mismo punto donde levantamos las 2 cad.

Así hasta el final. Tendremos otros 4 picos en la hoja.

Sin cortar el hilo y colocándonos en el centro del final de la hoja, tejeremos 4 cad. al aire para formar el tallo, bajaremos por las cadenetas tejiendo 1 p.d. en cada cadeneta.

Ahora seguiremos tejiendo p.d. por todo el centro de la hoja hasta el otro extremo para formar la línea central. Cortamos y ocultamos la hebra.

Tejeremos igual una segunda hoja.

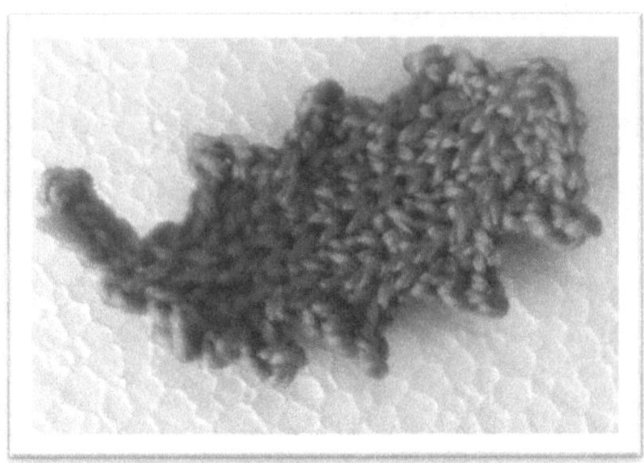

Para el fruto.

Tejeremos 3 iguales con el color rojo.

Comenzaremos con 1 anillo mágico con 6 p.b.

Seguiremos con 6 aumentos en p.b. (12 puntos)

No olvidemos colocar el marcador para no perder el inicio de cada vuelta.

6 dism. (6 puntos)

3 dism. (3 puntos)

Cerrar con aguja lanera, cortar y esconder el hilo.

Una vez realizadas ambas hojas y los tres frutos coseremos con hilo verde las hojas e hilo rojo los frutos, para que quede igual que en la foto.

Calendario de adviento

A los niños les encanta porque en cada apartado encuentran un regalo diferente y esperan con ilusión al día siguiente para saber qué regalo les va a tocar. Empieza la ilusión de la Navidad el día 1 de diciembre y continúa hasta el día 25, cuando llega Papá Noel. Un regalo ideal estas fechas.

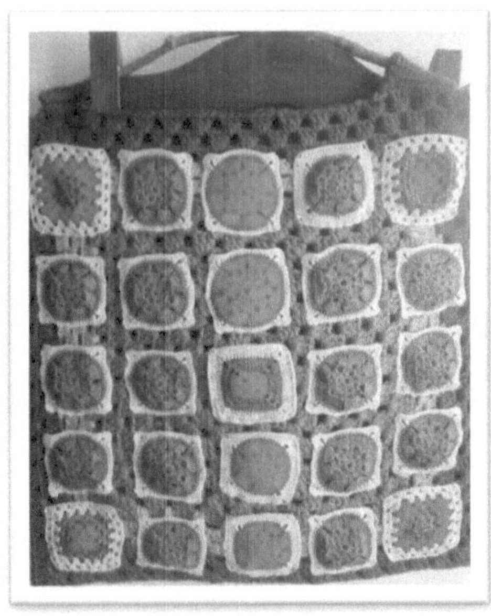

Dificultad: +

Materiales

Lana roja

Lana verde

Lana blanca

Necesitaremos estos tres colores en lana gruesa, para ganchillo del 5 o 6 mm. Y lana más fina para hacer los bolsillos, para un ganchillo del 2,5 o 3 mm.

Abreviaturas y puntos utilizados

p.b. punto alto

p.d. punto deslizado

p.a. punto alto

p.a.d. punto alto doble

cad. cadeneta

rep. repetir

Realización

Comenzaremos por la parte trasera del calendario, para ello utilizaremos lana gruesa del color deseado, en mi caso he elegido 3 tonos de verde, vosotras podéis utilizar los colores navideños que más os gusten.

Tejeremos un gran cuadrado granny de las siguientes dimensiones:

Ancho: 50cm

Largo: 50cm

Este cuadrado que será la parte trasera puede ser un granny como en mi caso, o cualquier otro cuadrado con p.a. o p.b. o con abanicos, la técnica o los puntos que más os gusten.

Aquí dejo el gráfico para el cuadrado granny, solo hay que repetir vueltas hasta alcanzar las medidas deseadas.

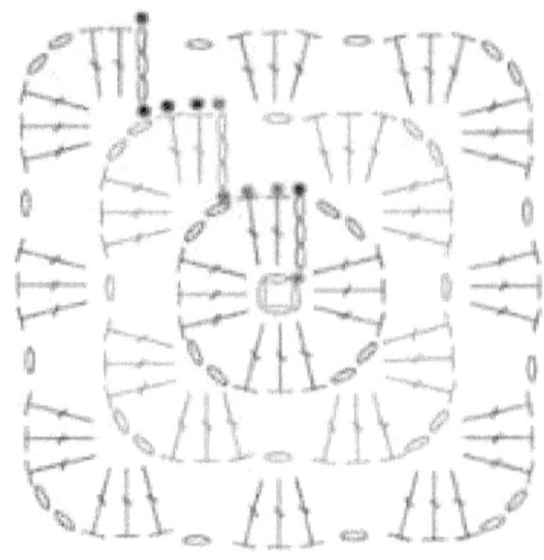

Una vez hayamos tejido el cuadrado granny o el cuadrado que hayamos diseñado a nuestro gusto, crearemos 25 cuadrados granny o con los puntos que hayamos decidido y los coseremos al cuadrado grande, dejando entre sí uno o dos centímetros de distancia. Colocaremos 5 en cada fila, es decir 5x5 filas. Coseremos el lateral derecho, el izquierdo y el inferior, dejando la parte superior abierta para poder introducir los regalos.

La medida de los cuadrados pequeños será de:

Largo: 8cm

Ancho: 8cm

Para colgar, colocaremos en cuadrado grande sobre fieltro o cartón, pegaremos o coseremos y le añadiremos un cordel o una cadeneta en la parte superior para poder colgar a la pared.

Adornos

Lazo

Con lana roja o dorada del tamaño deseado.

Todo dependerá del tamaña del lazo, estas medidas son orientativas para realizar el lazo que decora la corona navideña de este libro. Si lo queréis más grande tejeréis una cadeneta base con más puntos y realizaréis más vueltas, hasta alcanzar el largo deseado.

Medidas para el lazo de la fotografía

Tejeremos dos tiras iguales de la siguiente manera:

Ancho: 4cm

Largo: 36cm

Cadeneta base con 8 puntos.

1 p.b. en cada punto. Girar. Levantar 1 cad. 1 p.b. en cada punto. Repetir hasta alcanzar el largo deseado.

Ahora tejeremos 3 tiras más de la misma forma, pero más pequeñas.

Empezaremos con una cadeneta base con 5 puntos. 1 p.b. en cada punto. Girar. Levantar 1 cad. 1 p.b. en cada punto. Repetir hasta alcanzar el largo deseado.

Una tira será para unir las dos partes largas. Las otras dos serán para poner debajo. Para darle la forma de dos picos al final, cogeremos 1 hebra de la misma lana y la pasaremos por el centro, tres puntos por encima de la cadeneta base. Pasamos un par de veces y estiramos bien para que se arrugue el tejido y nos quede esa forma triangular en ambos lados.

Para formar el lazo, cogemos las dos tiras largas y las doblamos por la mitad. Cosemos para formar un aro. Después los unimos cruzados y los atamos con la tira que nos queda. La cosemos bien para que no se mueva y le damos la forma deseada. Iremos probando hasta que nos quede la forma de lazo. Luego cosemos las otras dos tiras abajo, ligeramente separadas una de la otra. (Ver fotografía).

Árbol

Este árbol lo he utilizado para decorar el calcetín.

Realización.

Con hilo color oro o plata para un ganchillo del 2,5 o 3 mm.

Comenzamos con una cadeneta base de 12 puntos + 1 cad. para subir. 1 p.b. en cada punto hasta el final. 1 cad. Giramos la labor. 1 p.b. en cada punto hasta el final. Repetiremos las vueltas hasta tener 11 vueltas.

Vuelta 11. Cuando lleguemos al final, tejemos 8 cadenetas al aire. Giramos la labor.

Vuelta 12. Tejemos un aumento en la segunda cadeneta que hemos realizado, luego seguimos con 7 p.b. en el siguiente punto realizamos 1 aum. luego tejemos 8 p.b. 1 aum. 1 p.b. y 8 cadenetas al aire.

Vuelta 13. Realizamos 1 aumento en la segunda cadeneta que hemos realizado. 1 p.b. en cada punto hasta el final. Al llegar al final de la vuelta tejemos 5 cad. al aire. Giramos la labor.

Vuelta 14. Realizamos 1 aum. en la segunda cadeneta que hemos realizado. 1 p.b. hasta el final. Al llegar al final de la vuelta tejemos 5 cad. al aire. Giramos la labor.

Vuelta 15. Realizamos 1 aum. en la segunda cad. que hemos realizado. 1 p.b. en cada punto hasta el final. Giramos la labor.

Vuelta 16. Levantamos 1 cad. 1 p.b. hasta el final. Giramos la labor.

Vuelta 17. Levantamos 1 cad. 1 p.b. en cada punto hasta el final. Giramos la labor.

Vuelta 18. Tejemos 1 p.d. en el primer p.b. luego levantamos 1 cad. y seguimos tejiendo 1 p.b. en cada punto hasta el final. Giramos la labor.

Vueltas de la 19 a la 21. Tejemos 1 p.d. en el primer p.b. luego levantamos 1 cad. 1 p.b. en cada punto hasta el finla. Giramos la labor.

Vuelta 21. Tejemos 1 p.d. en el primer p.b. luego levantamos 1 cad. 1 p.b. en cada punto hasta el penúltimo punto. En el último punto realizamos 1 dism.

Vuelta 22. 1 p.b. en el primer p.b. 1 cad. 1 p.b. en cada punto. En el último punto realizamos 1 disminución. Giramos la labor.

Vueltas 23 hasta la 28. Levantamos 1 cad. 1 p.b. en cada punto. En el último punto realizamos 1 disminución. Giramos la labor. Así en todas las vueltas hasta la 28.

Vuelta 29. Levantamos 1 cad. 1 p.b. en cada punto hasta el final. Al llegar al final tejemos 8 cad. al aire. Giramos la labor.

Vuelta 30. 1 aum. en la segunda cad. que hemos realizado. 1 p.b. en cada punto hasta el final. Al llegar al final tejemos 8 cad. al aire. Giramos la labor.

Vuelta 31. 1 aum. en la segunda cad. que hemos realizado. 1 p.b. en cada punto hasta el final. Giramos la labor.

Vueltas 32 y 33. Levantamos 1 cad. 1 p.b. en cada punto hasta el final. Giramos la labor.

Vuelta 34. 1 p.d. 1 cad. 1 p.b. en cada punto hasta el final.

Vuelta 35. Levantamos 1 cad. 1 p.b. en cada punto hasta el final.

Vuelta 36. 1 p.d. 1 cad. 1 p.b. en cada punto hasta el final.

Vueltas 37 a 39. 1 p.d. 1 cad. 1 p.b. en cada punto hasta el penúltimo punto. En el último punto realizamos 1 dism.

Vueltas 40 a 48. Levantamos 1 cad. 1 p.b. en cada punto hasta el penúltimo punto. 1 dism. en el último punto.

Vuelta 49. Levantamos 1 cad. 1 p.b. en cada punto. Dejar una hebra larga para colgar del árbol o coserlo al calcetín como decoración. Cerrar y esconder el hilo.

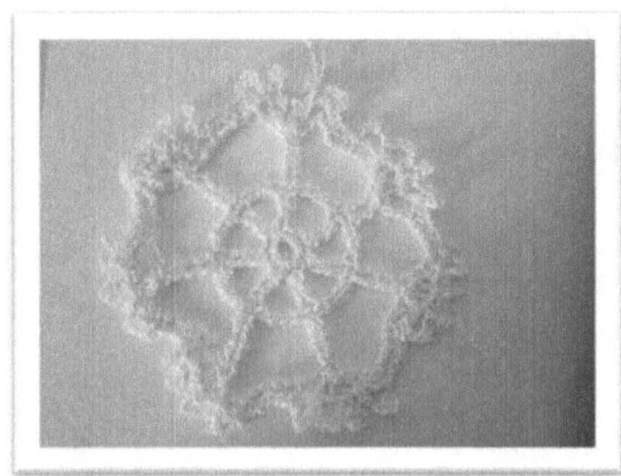

El copo de nieve puede utilizarse como decoración en el calcetín o para decorar nuestro árbol, también podemos hacer varios para confeccionar una bonita guirnalda.

Con hilo plateado o del color y textura deseado.

Abreviaturas y puntos utilizados

p.d. punto deslizado o punto raso

cad. cadeneta

p.b. punto bajo

p.a.d. punto alto doble

p.a.t. punto alto triple

rep. repetir.

aum. aumento

Realización

Con hilo color plata o dorado para un ganchillo del 3 o 3,5 mm.

Aro mágico con 6 puntos. Cerrar el aro con p.d.

1.- 1 cad. 1 aum. en cada punto, es decir, 2 p.b. en cada punto hasta el final. Total 12 puntos. Cerrar la vuelta con p.d.

2.- 4 cad. 1 p.a.d. en el siguiente p.b. 4 cad. 1 p.a.d. en el siguiente p.b. 1 p.a.d. en el siguiente punto, 4 cad. 2 p.a.d. así rep. hasta el final de la vuelta. Cerrar con p.d. en la 4ª cad. del inicio de vuelta.

3.- 1 cad. 1 p.b. en cada punto hasta el final, total 42 puntos. Cerrar con p.d.

4.- 5 cad. 1 p.a.t. en el siguiente p.b. 11 cad. saltamos 5 p.b. 1 p.a.t en el sexto p.b. de la vuelta anterior, 1 p.a.t. en el siguiente p.b. 11 cad. saltamos 5 p.b. 2 p.a.t en los siguientes 2 p.b., 11 cad. saltamos 5 p.b. Continuamos esta secuencia durante toda la vuelta. Cerramos con p.d. en la 5ª cad. del inicio de vuelta.

5.- 4 cad. 1 p.a en el mismo punto, 1 cad. 1 p.a. en el mismo punto, 1 cad, 1 p.a en el mismo punto, total 4 p.a en el mismo punto separados por 1 cad. Saltamos 3 p.b. de la vuelta anterior, 5 p.b. en los siguientes 5 p.b. 3 cad., saltamos 3 p.b. de la vuelta anterior. Saltamos también el primer p.a.t Seguimos trabajando en el segundo p.a.t. de la vuelta anterior y realizamos otro *abanico de 4 p.b.

separados por 1 cad. 3 cad. saltamos 3 p.b. 5 p.b. 3 cad. saltamos 3 p.b. y el primer p.a.t. trabajamos en el segundo p.a.t. un abanico de 4 p.a. separados por una cad. * rep. de * a * hasta terminar la vuelta. Cerramos con p.d. en la 1ª cad. del inicio de vuelta.

6.- 6 cad. 1 p.b. en la 2ª cad. del abanico, 5 cad. 1 p.b. en la 3ª cad. del abanico, 5 cad. 1 p.b. en la 2ª cad de las 3 cad. que realizamos en la vuelta anterior. 6 p.b. 5 cad. 1 p.b. en la primera cad del siguiente abanico. 5 cad. 1 p.b. en la segunda cad. del abanico, 5 cad. 1 p.b. en la tercera cad. del abanico, 5 cad. 1 p.b en la 2ª cad. de las 3 cad. de la vuelta anterior. Rep. secuencia durante toda la vuelta, terminando con 5 cad. y cerrando con p.d. en la primera cad. de inicio de vuelta. Estirar la hebra para poder formar un *gancho lo suficientemente grande para colgar del árbol y unir en el mismo punto con p.d. cortar la hebra y esconder el hilo.*

Campanas

Materiales

Ganchillo del 3 o 3,5 mm o acorde a la lana elegida

Lana o hilo color dorado.

Si el hilo no es firme y se nos dobla la campana, podemos preparar cola blanca o de carpintero diluida con un poco de agua y pasarle la mezcla con un pincel por todo el tejido. Colocar en una botella forrada con una bolsa para que no se pegue y dejar secar. De esta forma quedará más resistente.

Abreviaturas y puntos utilizados

p.b. punto bajo

p.d. punto deslizado o punto raso

aum. aumento

cad. cadeneta

rep. repetir

Realización

Comenzamos con un anillo mágico de 6 puntos. Dejaremos una hebra larga para poder colgar de la corona navideña o del árbol.

1.- 1 aum. en cada punto, total 12 p.b.

2.- 1 p.b. 1 aum. rep. hasta el final.

3.- 2 p.b. 1 aum. rep. hasta el final.

4.- 3 p.b. 1 aum. rep. hasta el final.

5 a 10.- 1 p.b. en cada punto.

11.- 2 p.b. en el mismo punto, 2 cad. 2 p.b. en el mismo punto. Saltamos 2 p.b. 2 p.b. en el mismo punto separados por 2 cad. 2 p.b. en el mismo punto, total 4 p.b en el mismo punto separados por 2 cad. rep. hasta el final de la vuelta. Cerrar con p.d.

12.- Nos deslizamos con p.d. hasta el primer hueco de 2 cad. Trabajamos ahora en el hueco. 2 p.b. en el mismo espacio separados por 2 cad. 2 p.b. en el mismo espacio. 3 cad. Seguimos tejiendo en el siguiente hueco de 2 cad. y realizamos lo mismo 2 p.b. 2 cad. 2 p.b. en el mismo hueco, separamos con 3 cad. y trabajamos la misma secuencia en cada hueco de 2 cad. Tejemos la vuelta doce dos veces más o hasta alcanzar el largo deseado. Cerramos con p.d

Puntos principales

Nudo

Haga una lazada con la lana. Con el ganchillo, coja el extremo del ovillo de la lana y sáquelo a través de la anilla. Tire firmemente de lana y ganchillo para tensarlo bien y así creará la primera cadeneta.

Realización cadeneta

Para hacer una cadeneta, sujete el extremo de la lana con la mano izquierda y pase la hebra por encima del ganchillo, colocando el gancho delate de la hebra, luego por debajo y alrededor.

Manteniendo la lana bien tirante, tire del gancho y de la hebra y sáquelas por la anilla.

Saque la hebra y el gancho a través del agujero, y empiece de nuevo, procurando que los puntos queden bastante sueltos. Repita hasta hacer el número de cadenetas requeridas.

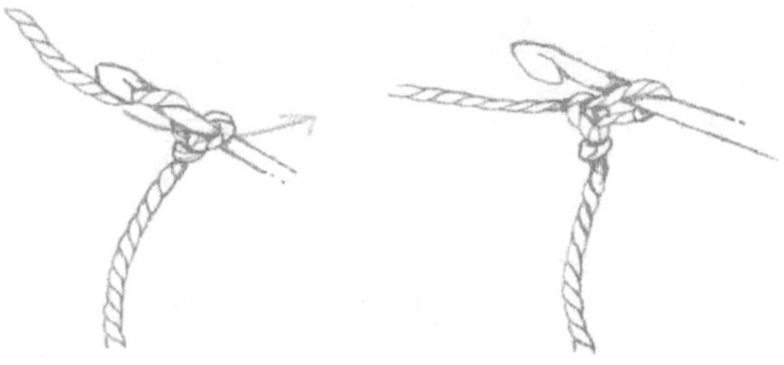

Realización punto enano

Inserte el ganchillo en la anilla posterior del siguiente punto, y pase la hebra por encima del ganchillo, como en la cadeneta.

Pase la hebra a través de ambas anillas del punto y repita.

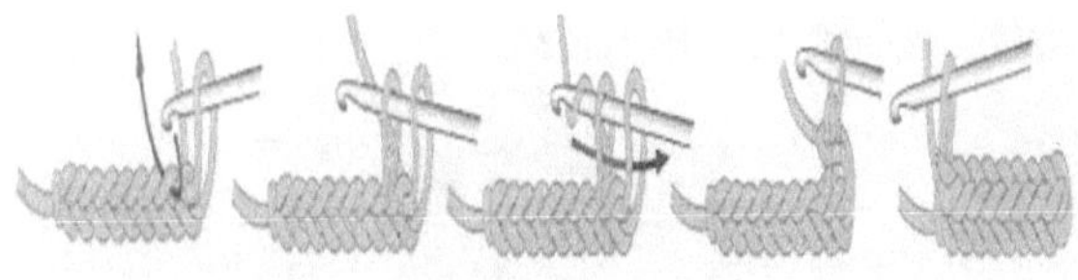

Realización punto bajo

Introduzca el ganchillo desde delante hacia atrás en el punto siguiente. Quedan dos anillas en el ganchillo. Coja hebra.

Saque el ganchillo a través de ambas anillas para completar el punto bajo.

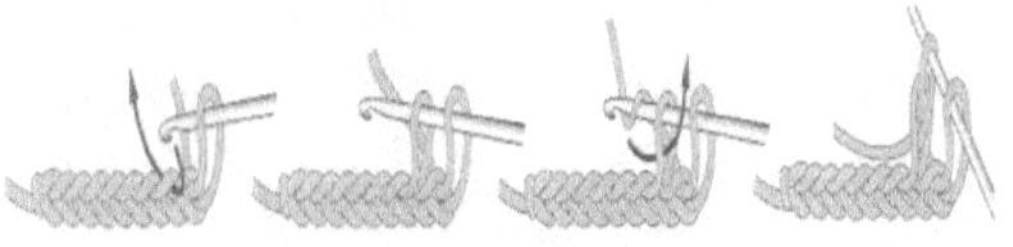

Realización anillo mágico

1. Haga una lazada envolviendo la lana dos veces en torno a su índice; el extremo del hilo quedará a la derecha y el extremo del ovillo a la izquierda.

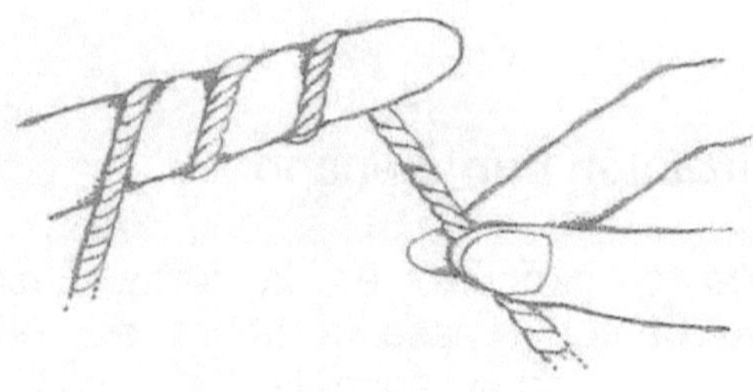

2. Tire del extremo del ovillo para formar la lazada (sujete la labor con la mano).

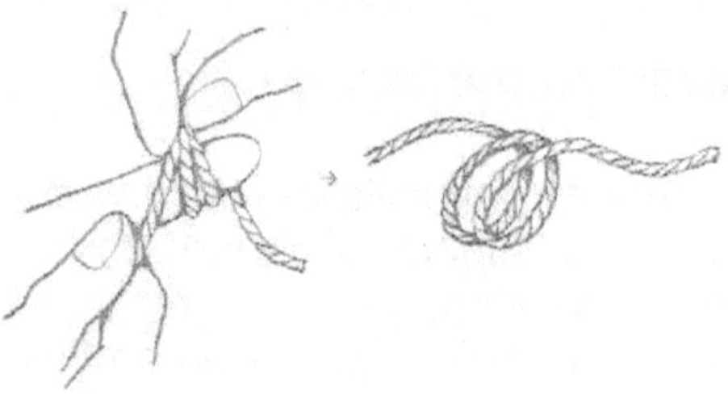

3. Trabaje una cadeneta a través de la lazada tras coger hebra con el ganchillo, para sujetar el círculo.

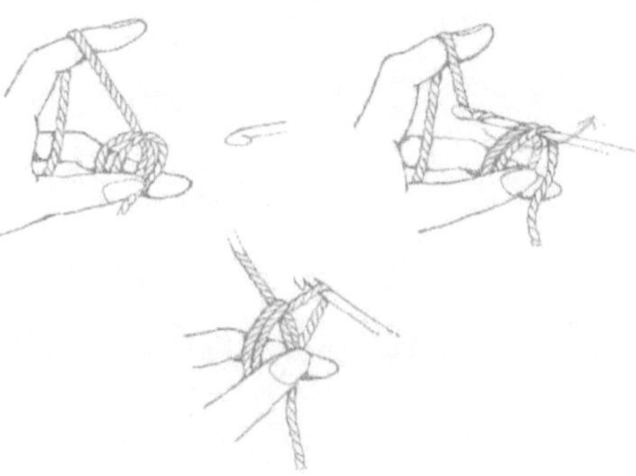

4. Trabaje todos los puntos en la lazada, tal y como el esquema requiera.

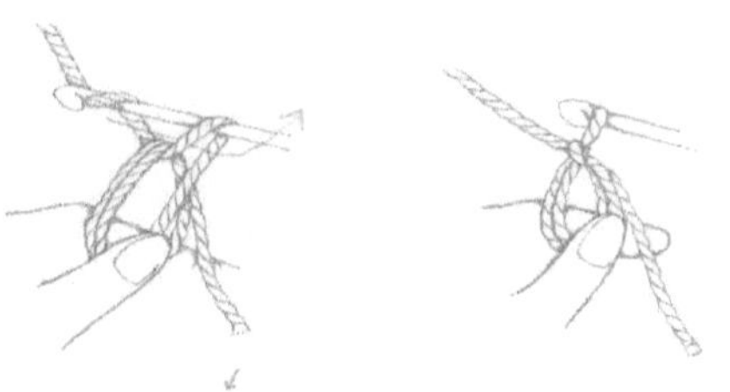

5. Tire del último punto y déjelo largo para que no se deshaga. Tire de cada una de las lazadas para averiguar cuál de ellas se tensa primero.

6. Tense esta lazada todo lo que pueda.

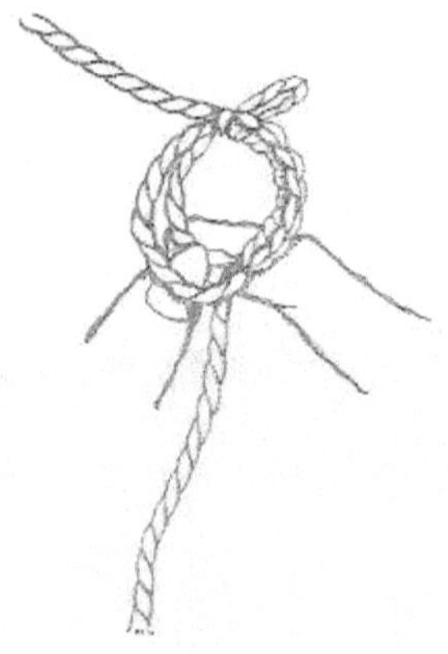

7. Tire del extremo del hilo para tensar toda la lazada. Ahora ya no le quedará ningún agujero en el centro de la primera vuelta.

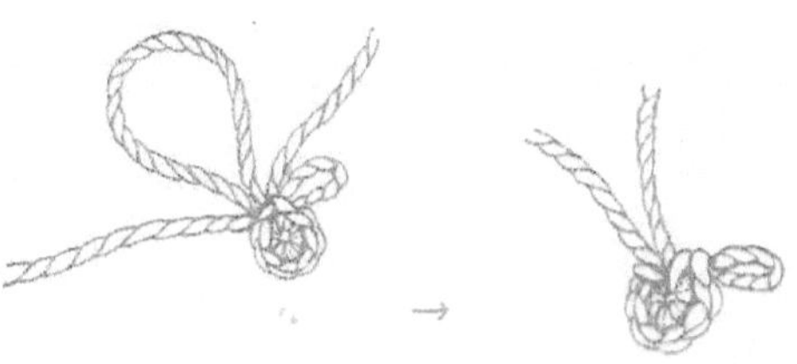

Cómo hacer un aumento o una disminución:

Aumento:

Trabaja un punto bajo hasta la posición donde las instrucciones indican que debes hacer el aumento.

Trabaja dos puntos completos en el siguiente punto, para aumentar un punto. Introduce el ganchillo por un punto y completa el punto, vuelve a introducir el ganchillo por el mismo punto y completa el punto. Ya tienes un aumento. Continúa la labor normalmente como indica el gráfico hasta que te pidan otro aumento. Realiza dos puntos en el mismo punto para un nuevo aumento y así sucesivamente.

Disminución:

Para realizar una disminución trabaja un punto hasta la posición donde las instrucciones indican que debes hacer una disminución. Salta un punto y continúa los puntos en el siguiente punto. Salta puntos cada vez que te indiquen que realices una disminución.

Cómo hacer cambio de color

Tejemos 1 punto y no lo terminamos, dejamos 2 hebras en el ganchillo, coger el nuevo color y terminar el punto con él. Ya con el nuevo color pasamos el ganchillo por la hebra de atrás del siguiente punto y hacemos un punto deslizado. Luego introducimos el ganchillo en el mismo punto y cogiendo las 2 hebras y hacemos 1pb. Ahora seguimos tejiendo normal hasta la siguiente disminución. Luego, al final de la vuelta, saltamos el punto deslizado y tejemos 1pb en el siguiente pb y no en el pd.

Querida lectora:

Gracias por adquirir este libro, espero te guste y disfrutes creando los bonitos diseños. Feliz Navidad.

Puedes encontrar otros de mis libros en Amazon:

Amigurumis para adornar la Navidad

Amigurumis para adornar Halloween

Amuletos de la buena suerte hechos a ganchillo

Sígueme en Facebook, Youtube, aquí te dejo mi web donde podrás ver mis vídeos tutoriales, patrones, consejos:
https://ganchilloyamigurumis.jimdo.com/

No dejes de compartir los enlaces y los vídeos, de suscribirte o comentar, me ayudarás un montón a seguir creando y a seguir adelante, de nuevo, gracias. Que disfrutes el libro y de las fiestas. Un abrazo.

www.ingramcontent.com/pod-product-compliance
Lightning Source LLC
Chambersburg PA
CBHW051226160726
47994CB00002B/769